Ce livre appartient à :

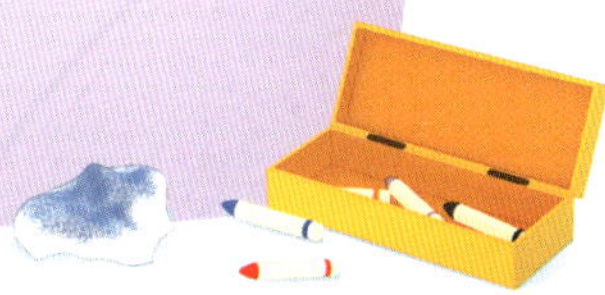

Une série TV d'animation produite par STUDIOLITO (© Studiolito - Blue Spirit Animation - 2012).
D'après un personnage créé par Domitille de Pressensé.
Adapté des albums «émilie» de Domitille de Pressensé (© Casterman)
Bible littéraire Domitille de Pressensé |Réalisation Sandra Derval | Musique originale et paroles Mathias Duplessy | avec la participation de France Télévisions | Dans le cadre du Pôle Image Magelis, avec le soutien du Département de la Charente, de la Région Poitou-Charentes en partenariat avec le CNC | avec le soutien de la Procirep-Société des producteurs, de l'Angoa | avec la participation du Centre National du Cinéma et de l'image Animée.

D'après l'épisode de la série animée Emilie «Emilie se maquille», écrit et adapté pour la présente version par Domitille de Pressensé.
Achevé d'imprimer en janvier 2014, en France par Pollina - L67484.
Dépôt légal : août 2013 ; D.2013/0053/344.
Déposé au ministère de la Justice, Paris (loi n°49.956 du 16 juillet 1949)

ISBN 978-2-203-07508-5
L.10EJDN001257.C002

émilie

se maquille

d'après un personnage de Domitille de Pressensé
mise en page : Guimauv'

Stéphane entre dans

la chambre de sa sœur.

- Mais qu'est-ce que tu fais,

Emilie ? Tu viens jouer ?

Emilie pousse un gros soupir :

- Attends un peu !

C'est difficile de se maquiller

comme une grande.

Elle a l'air très énervée avec

son noir au-dessus des yeux

et du rouge sur la joue.

Stéphane lui propose :

- Je peux t'aider si tu veux.

- Oh, oui ! S'il te plaît...

Emilie est soulagée.

Elle lui donne ses crayons

de maquillage.

Stéphane se concentre :

- Tu vas voir, Emilie,

je vais bien m'appliquer.

Tu vas ressembler à une

dame pour de vrai.

Puis, Stéphane dit en souriant :

- Et voilà madame,

vous êtes ma-gni-fi-que !

Emilie est très contente.

Elle attrape vite le miroir

pour s'admirer...

- Quoi ?! Tu m'as toute ratée !

Regarde, tu as débordé

partout. En plus, tu as oublié

de mettre du rouge à lèvres !

Son frère la rassure :

- Ce n’est rien, madame.

Je vous arrange ça tout

de suite.

Mais quand Emilie se regarde
à nouveau, elle est furieuse :
- Tu as vu, tu m'as toute
gribouillée ! J'ai une tête
de n'importe quoi maintenant !

Elle hurle :

- Puisque c'est comme ça,

j'efface tout !

Et avec ses mains, elle se

frotte le visage pour enlever

son maquillage...

- Oh, ne bouge pas Emilie !

dit Stéphane en la regardant

avec un grand sourire.

J'ai une très bonne idée.

Tu vas être contente,

tu vas voir...

Un peu de noir sur le front,

un trait au milieu du visage...

Et hop, une belle coccinelle !!

Emilie est ravie.

C'est encore mieux qu'un

maquillage de dame.

Voilà Sidonie !

Emilie est très contente.

- Tu as vu ma nouvelle tête ?

- Une coccinelle, j'adore !

Moi aussi, je voudrais un

maquillage, dit Sidonie.

- Tu me fais un maquillage

de lion ?

La fillettes s'installe sur

la chaise et Stéphane lui dit :

- Ne bouge plus Sidonie,

je commence et après

ce sera mon tour d'être

maquillé en... zèbre !

Ça y est, c'est fini !

Les trois enfants se précipitent joyeusement dans le jardin.

Emilie appelle son hérisson :

- Arthur ! Tu viens jouer

avec tes nouveaux amis ?

Jeux

Pour jouer avec Emilie, utilise des crayons de couleur.

Emilie a recopié la phrase suivante mais elle s'est trompée.

Repère ses six erreurs et entoure-les.

Me boude bas
Amélia

Relie le nom de chaque animal

à ce qui lui correspond.

zèbre	griffes
lion	trompe
coccinelle	bosse
éléphant	rayures
chameau	ailes

Relie chaque crayon au mot qui lui correspond, puis colorie l'étiquette de la bonne couleur.

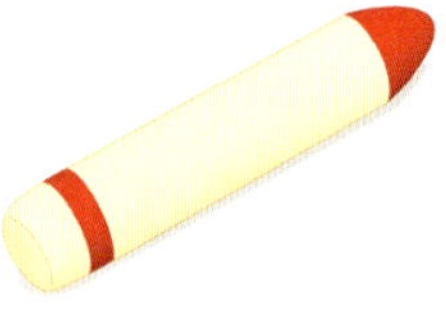

jaune

bleu

vert

rouge

Retrouve quel enfant parle dans
les bulles ci-dessous.
Attention, il y a un piège !

Sidonie Emilie Stéphane

je suis
un zèbre

je suis
une blague

je suis
une coccinelle

je suis
un lion

Titres disponibles

1. **émilie** le ballon jaune
2. **émilie** le papillon de l'école
3. **émilie** les empreintes mystérieuses
4. **émilie** se maquille
5. **émilie** la tente de camping
6. **émilie** les marionnettes

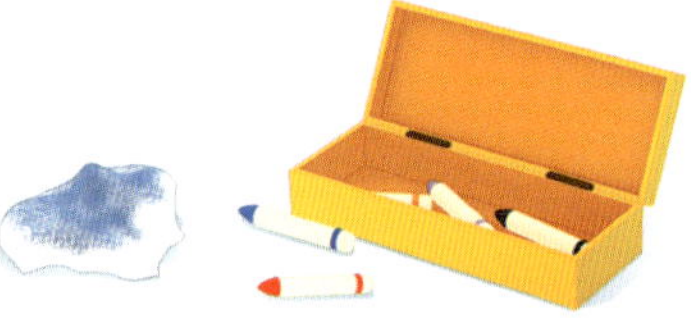